Franko Sasinek

Die Slovaken - eine ethnographische Skizze

Franko Sasinek

Die Slovaken - eine ethnographische Skizze

ISBN/EAN: 9783744651134

Hergestellt in Europa, USA, Kanada, Australien, Japan

Cover: Foto ©ninafisch / pixelio.de

Weitere Bücher finden Sie auf **www.hansebooks.com**

DIE SLOVAKEN.

Eine ethnographische Skizze

von

Franz V. Sasinek,

Sekretär der „Matica Slovenská" in Thúr-St.-Márton.

Zweite, revidirte Auflage.

PRAG.

Verlag von Fr. A. Urbánek.

1875.

Einleitung.

Wenn eine österreichische Schrift es sich zur Aufgabe macht, auch in die Völkerkunde Oesterreich-Ungarns Licht zu bringen, so wird sie diese Aufgabe kaum lösen können, wenn sie ihre Leser über die einzelnen Nationen Oesterreich-Ungarns nicht aufklärt. Diese Aufklärung kann sie jedoch aus der Staats-Statistik, besonders aber aus der ämtlichen Statistik Ungarns nicht schöpfen, da diese letztere über die verschiedenen Nationen Ungarns den Mantel völligen Schweigens geworfen hat. Nur an den ungarischen Gymnasien werden die Schüler nach der Nationalität registrirt; aber auch diese Statistik ist so mangelhaft, dass man sie nicht anders denn als eine officiöse Lüge bezeichnen kann. Selbst bei der Jugend ist es politische Mode geworden, die eigene Nationalität zu verläugnen und sich als Magyaren einschreiben zu lassen, um der Ungunst des magyarischen Gymnasial-Vorstandes zu entgehen. Dieser Umstand, glaube ich, ist ein Wink, sich in dieser Beziehung an jene Männer zu wenden, welche vermöge ihrer Kenntniss der eigenen Nation und vermöge ihrer Wahrheitsliebe reinen Wein einschänken können und wollen.

In Anbetracht dessen habe ich mich entschlossen, einen ethnographischen Aufsatz über die Slowaken zu liefern. Es ist zwar für einen Einzelnen schwer, sich vollkommene Kenntnisse aller Verhältnisse einer Nation zu sammeln; trotz dem

1*

unterzog ich mich dieser Aufgabe, um dieselbe wenigstens nach Möglichkeit zu lösen und die Finsterniss, welche über die Ethnographie der Slovaken verbreitet ist, zu zerstreuen. Ich griff desto eifriger zur Feder, da ich merkte, dass sogar sehr verbreitete Zeitschriften Deutschlands das Land der Slovaken als ein Land der Primitivität, wenn nicht der Wildheit schildern [1]), oder die Nationalität der Slovaken völlig verkennen. [2]) Die Slovaken gehören der grossen Familie der Slaven an.

1. Wohnsitze.

Die vielgliederigen Slavenstämme Oesterreich-Ungarns zerfallen ihren Wohnsitzen nach in eine nordslavische und eine südslavische Gruppe. Die Nord-Slaven (Čechen, Mährer, Slovaken, Polen und Ruthenen) bilden eine zusammenhängende Masse, welche innerhalb der österreich-ungarischen Monarchie von den Deutschen, Magyaren und Ost-Romanen (Moldauern und Walachen) umgeben ist. Die Süd-Slaven (Croaten, Slovenen, Serben und Dalmatiner) breiten sich in langgestrecktem Zuge von den friaulischen Gebirgen und der Gränze Albaniens längs der Südgränze Ungarns bis dorthin aus, wo im äussersten Südosten die Donau aus Oesterreich-Ungarn austritt. Ihre Wohnsitze sind begränzt von jenen der West-Romanen, der Deutschen, der Magyaren und der Ost-Romanen.

Bei den Nord-Slaven trennt man den čecho-slovakischen Stamm (Čechen, Mährer und Slovaken) von den Polen und Ruthenen; ja im genannten čecho-slovakischen Stamme unterscheidet man wieder die Čechen und Mährer von den eigentlichen Slovaken.

---

[1]) Weser Zeitung v. 6. Aug. 1873 Nr. 9528.
[2]) Es ist sehr komisch in der Zeitschrift „Ueber Land und Meer" v. J. 1865, S. 230 im Aufsatze „Ein ungarischer Wahltag" folgenden Passus zu lesen: „Huszár (hatte) meist nur auswärtige, namentlich deutsche Slovaken."

Obwohl die Mährer an der Ost-Gränze, längs den mährisch-ungarischen Karpathen, sich Slovaken nennen, kann im Allgemeinen doch die mährisch-ungarische Landesgränze für die Gränze zwischen dem mährischen und slovakischen Elemente gelten, indem am Ost-Abhange der Karpathen, in Ungarn, die slovakische Sprache reiner ausgeprägt erscheint, und unter den eigentlichen Slovaken gewöhnlich nur die Slovaken Ungarns verstanden werden.

Die slovakisch-magyarische Sprachgränze beginnt bei Theben am Einflusse der March in die Donau und zieht sich von Pressburg längs des nördlichsten Donau-Armes bis Cseklész (Lanschitz). Zwischen dem slovakischen Šarfia und dem magyarischen Magyar Bél tritt die, slovakisch-magyarische Gränze nordwärts zurück, erreicht über Grob (Deutsch-Eisgrub) und Puszta Födémes bei Waag-Szerdahely die Waag, macht am rechten Ufer derselben noch eine zweimalige slovakisch-magyarische Ausbuchtung bis Sellye, windet sich um die magyarischen Dörfer Tornócz und Tardosked nach Sz. György an der Gränze der Komitate Unter-Neutra und Komorn und gelangt bei Bánkeszi an die Neutra. Jenseits derselben greift sie mit einer stark magyarisch gemischten Vorlage bis nach Csúz und Gross-Oelved in das Comorner Komitat hinein, biegt aber sofort nordwestwärts in das Barscher Komitat über Nyér. Klein-Málas, Unter-Péll, Eny, Klein-Sári bis Verebély (Vráble) um und zieht erst von hier nordostwärts über Ujfalu, Neved und Nemčany an die Gran. Das linke Ufer derselben wird bei Alt-Barsch verlassen und längs der Gränze der Komitate Barsch und Honth das magyarisch-slovakische Klein-Kér erreicht, von wo die Sprachgränze ostwärts über Szántó, Mére, Hrušov, Csal, Priklek nach der Scheidelinie zwischen den Komitaten Honth und Neográd läuft, mit den slovakisch-magyarischen Orten Bátorfalu, Leszenye und Klein-Csalomia wiederholt in das erstere zurückkehrt, weiterhin das sammt der Umgegend magyarisch-slovakische Balassa-Gyarmath umschlingt und von hier an eine nordöstliche Richtung einschlägt. Im Verlaufe derselben geht sie, mannigfach gewunden, über Gross-Seleštany, Ujfalu, Klein-Zellö, Felviz, um Losoncz herum nach Garáb, tritt in das Gömörer Komitat über und gelangt über Zalužan, Ober-Pokorágy, Popoč, Meleghegy, Brusník, Suvéte an der Jolsva, Štitník, Rekeña bis zu dem magyarisch-slovakischen Rosenau und weiterhin bis zur Gränze des Gömörer und Zipser Komitates. Nach einer Unterbrechung durch die Gruppe der Gründner und Metzenseifer begegnet sich das slovakische und magyarische Sprachgebiet wieder nächst der Prämonstratenser Abtei Jászó, schlingt sich an der Bodva bis Gross-Bodoló und in verschiedenen Windungen nach Buzynka, Bocsarád, Deutsch-Tornyos nächst dem grossen Hernad, läuft an demselben mit unbedeutenden Ueberschreitungen neuerdings aufwärts bis Mislye und endet bei Uj-Szálás südöstlich von Kaschau. Doch erscheinen die Slovaken zwischen der Bodva und dem Hernad nicht bloss mit Magyaren, sondern zunächst dem letztgenannten Flusse auch schon mit Ruthenen vermischt.

Die slovakisch-polnische Sprachgränze wird gebildet durch den Zug der Nord-Karpathen, welcher Ungarn von Schlesien und Galizien scheidet, bis zwischen Lešnica und Unter-Štavnica slovakisches, polnisches und ruthenisches Element zusammenstossen.

Die slovakisch-ruthenische Sprachgränze beginnt nächst Lešnica und zieht in mancherlei Windungen über Krembach nach Plavec am Poprad, kehrt mit einer ruthenischen Ausbuchtung bei Jakubjan nach der Gränze zwischen den Komitaten Zips und Sáros zurück, umfängt auch in dem Zipser Komitat die ruthenischen Orte Toriska, Unter-Repaš, Podproc und Olšavica, läuft von hier nordwärts vielfach gekrümmt über Berzovice nach Šenvic, wendet sich hierauf am linken Ufer der Tarca wieder südöstlich bis zu dem slovakisch-ruthenischen Jakubovec und steigt von da an nordwärts über Mošurov, Ošikov, Richwald nach Tarnov an der Topla auf. Am linken Ufer der Topla buchtet sich das slovakische Gebiet noch nordwärts bis Gaboltov und Smilno und südostwärts nach Haslin, Kuryma, Giraldovce und Želernik aus. Nach einer westlichen Biegung zu den slovakisch-ruthenischen Orten Hašgut und Fulánka verlässt die Sprachgränze bei Hanušovce die Topla, erreicht nächst dem ruthenischen Valkóv die Ondava und läuft jenseits derselben in nordöstlicher Richtung über Ober-Sytnice nach Hrabovec an der Laborca. Noch jenseits dieses Flusses erstreckt sich das rein slovakische Gebiet zungenförmig bis Papina und bis Sina an der Ciroka. Bei Brekov tritt die Gränze des rein slovakischen Gebietes über die Laborca zurück, dringt südwärts mit einem langen, schmalen Streifen bis Tuša, unweit der Vereinigung der Ondava und Topla, vor, steigt an der letzteren wieder bis Vranov auf und kehrt in den wechselvollsten Verschlingungen über Čičva, Slovakisch-Kajna, Karna, Jankovce in die Nachbarschaft von Ober-Sytnice zurück. Sodann wendet sie sich südwestlich über Gross-Domáša und Hermáň bis nach Zlata-Baña, und gelangt, nach einer nördlichen Ausbuchtung, unterhalb Eperies in die Nachbarschaft der Tarca, welche sie nur mit dem slovakisch-ruthenischen Budimir überschreitet, sofort aber wieder bei Vajkovce verlässt, um nordwärts nach der dreifachen Gränze zwischen Abauj-Torna, Sáros und Zemplin aufzusteigen, von wo sie wieder südwärts läuft und mit zwei grösseren Einbuchtungen Új-Szállás erreicht. Doch liegt von Új-Szállás bis Ungvár ein ausgedehntes Gebiet, innerhalb dessen die Slovaken mit Ruthenen, theilweise auch mit Magyaren, gemengt wohnen. Die Nord-Gränze dieses Gebietes fällt mit der slovakisch-ruthenischen Sprachscheide zwischen der Tarca und Laborca zusammen, während die Südgränze sich durch die Orte Báňačka nächst der Roňva, Gross-Toronya jenseits des Bodrog, Jestrab unweit der Ondava, Kučany an der Laborca, Blatne-Remiati, Tegenye, Visoká und Ungvár an der Ung bezeichnen lässt.

Auf diesem so demarkirten Gebiete der Slovakei wohnt eine compakte Masse von Slovaken in 15 nordöstlichen Komitaten Ungarns; und zwar sind die Komitate Trenchin, Orau, Zvolen (Sohl) und Liptau rein slovakisch; in den Komitaten Thúroz, Barsch, Neutra, Hont, Gömör, Zips, Sáros, Zemplin und Abauj sind die Slovaken in überwiegender Majorität; im Pressburger und Neograder Komitate bilden sie eine starke Minorität.

Auf diesem Gebiete der Slovakei befinden sich jedoch folgende zwei deutsche Gruppen:

a) Die deutsche Gruppe der Bergwerks-Colonisten in Ungarn. Dazu gehören alle, welche des Bergbaues wegen nach Ungarn berufen wurden oder dahin wanderten, und meist vom ober-deutschen (Sudeten-) Stamme sind, nämlich nicht nur die Deutschen in Schemnitz, Kremnitz und Neusohl, sondern auch die sogenannten Krikehayer (Handerburci) an den Gränzen des Neutraer, Barscher und Thúrozer Komitates; die Deutsch-Pilsener in einer Ortschaft des Honther Komitates nächst der Eipel; die Gründner im südlichen Theile der Zips (in Schwedler, Einsiedel, Altwasser, Huta, Schmölnitz und Stoss).

b) Die Zipser Sachsen vom nieder-deutschen Stamme, in dem oberen Theile der Zips in den sogenannten XVI Zipser Städten am Poprad von Deutschendorf (Poprad) bis Pudlein und von dem slovakisch-deutschen Leutschau im Südosten bis an die Tatra, sowie in den Orten Kniesen und Hobgarten am weiteren Laufe des Poprad und in Majerka, endlich in den slovakisch-deutschen Orten: Neudorf (Igló), Eisenbach, Kirchdrauf, Wallendorf und Krompach und nächst dem Hernád Altendorf am Dunajec. —

c) Den Deutschen schliessen sich die Juden an, welche in den Dörfern sporadisch vorkommen, in Marktflecken und Städten, ja nach der Emancipation selbst in den Bergstädten zahlreicher zu finden sind.

Magyarische Ortschaften gibt es auf dem obenangeführten Gebiete der Slovakei keine. Es gibt nur einzelne Beamtenfamilien und einige Slovaken (Magyaronen), welche nach der herrschenden politischen Mode ihre slovakische Nationalität negiren und sich heute für Deutsche, morgen aber für Magyaren ausgeben.

Die Slovaken haben jedoch noch zahlreiche grössere und kleinere Inseln ausserhalb ihres zusammenhängenden Gebietes inne. Die Bewohner dieser Sprachinseln sind entweder Abkömmlige der vormagyarischen Slovaken, oder spätere Ansiedlungen, zu welchen sie von grösseren Grundbesitzern Mittel- und Nieder-Ungarns mit besonderer Vorliebe herbeigezogen wurden. — Diese Gruppen können wir in folgende zusammenfassen:

a) Zwischen der Donau und den Karpathen, schon im Pressburger Komitate, bilden die Slovaken einige kleine Inseln und Mischungen am Schwarzwasser (einem Donau-Arme, welcher die nördlichste Seite der grossen Schütt begränzt); im Unter-Neutraer Komitate ist das magyarisch-slovakische Neuhäusel; im Comorner findet 'sich eine grössere Sprachinsel um Bajcs und Gyalla, welcher noch südlich die kleinere Kurta-Keszi vorliegt; im Neograder sind Puszta-Kér und Puszta-Dolyán magyarisch-slovakisch, Zombor aber rein slovakisch.

b) Bedeutender sind die beiden slovakischen Gruppen an der Donau bei Waitzen, indem die eine von dem magyarisch-slovakischen Leléd an der Eipel im Honther bis zu dem rein slovakischen Klein-Marus im Neograder Komitate sich ausdehnt, die andere namhafte Strecken des Neograder und Pest-Piliser Komitates einnimmt, so dass ihre Begränzung von Recság über Ober-Zátok, Klein-Esced, Unter-Szécsénke, Terjén, Kutasó, Lucyn nach Csengerháza an der Zagyva ostwärts, von da über Sámsonháza, Unter-Tóld, Buják, Dengeleg und Tót-Györk an der Galga südwestlich, und, nach einer Ausbuchtung um Aszód über Domony Bottyán und Csomád westlich nach Göd an der Donau läuft, aber auch viele Magyaren und Deutsche umschliesst. Vereinzelt liegen das slovakisch-magyarische Puszta-Ganád und das rein slovakische Neograd nördlich vom ersteren.

c) Am linken Ufer der Donau bei der deutsch magyarisch-slovakischen Stadt Pest wohnen Slovaken von dem slovakisch-magyarischen Puszta Sz. Jakob bei Gödöllö bis zu dem deutsch-slovakischen Puszta Gubacs und den slovakisch-magyarischen Orten Puszta-Péteri und Maglód, theils allein, theils mit Magyaren und Deutschen gemischt.

d) Unter den zerstreuten Inseln am linken Ufer der Mittel-Donau in den Komitaten Pest-Pilis-Solt bildet Pilis mit seiner theils rein slovakischen, theils magyarisch-slovakischen Umgebung von Péteri bis Gross-Irša die wichtigste; minder bedeutend sind: Sári mit den anstossenden Prädien, das slovakisch-magyarische Klein-Körös mit dem magyarisch-deutsch-slovakischen Vadkert, Dusnok mit den magyarisch-slovakischen Orten Battya und Miske unterhalb Kalocsa. Unter den vereinzelten Orten sind nur Sáp und Egyháza rein slovakisch, die übrigen magyarisch-slovakisch.

e) Die Gruppe des Békes-Csanáder Komitates umfasst in vier kleinen Inseln die rein slovakischen Orte: Csaba,

Bánhegyes, Tót-Komlós und Puszta Pitvaros, das slovakisch-deutsch-magyarische Mezö-Berény und das magyarisch-slovakische Szarvas. Mit Tót-Komlós und Bánhegyes in unmittelbarem Zusammenhange steht ein ausgedehntes gemischtes Gebiet, innerhalb dessen Slovaken mit Deutschen, Magyaren und Romanen gemengt wohnen. Noch südlicher liegt an der Maros das slovakisch-romanische Nagy-Lak.

f) Im Norden der Komitate Zips, Sáros und Zemplin umschliesst ruthenisches Gebiet zwischen dem Poprad und der Laborca viele slovakische und gemischte Inseln, darunter: Mníšek mit Pilhov; Lipník, Legno und Obručany: Hütte-Stebník, Sarbova, Komárnik, das ausgedehnte Gebiet um Stročín und Stropkov an der Ondava, Turany, Stropkova-Olka u. a. m.

g) Die Gruppe am Hernad, Bodrog und den Nebenflüssen beider besteht aus einer bedeutenden Anzahl kleiner Sprachinseln im Gömörer, Abaúj-Tornaer und Borsoder Komitate, innerhalb deren Slovaken theils allein, theils mit Magyaren, Deutschen und Ruthenen gemischt wohnen. Die westlichste ist Dubovec an der Rima, die östlichste Ardov am Bodrog, während die beiden Hamor mit Huta und Göromböly mit Tabolcha und Petri am weitesten nach Süden reichen.

h) Die zerstreuten slovakischen Orte im Nordosten Ungarns, in den Komitaten: Ungvár, Bereg, Ugocsa, Szabolcs und Szatmár, reichen von dem ruthenisch-slovakischen Gross-Berezna an der Ung bis zu dem magyarisch-slovakischen Sima, nächst Nyiregyháza, dem slovakisch-magyarisch-deutschen Pécs-Petri, dem ruthenisch-slovakischen Nyir-Csaholy, dem ruthenisch-slovakisch-magyarischen Sárköz und dem romanisch-magyarisch-slovakischen Lapos-Bánya herab.

i) Als äusserste isolirte Ausläufer der ungarischen Slovaken kann man die Sprachinseln im östlichen Theile des Süd-Biharer und Arader Komitates bis nach Radna an der

Maros hinab betrachten; doch sind die Slovaken in demselben stark mit Romanen, theilweise auch mit Magyaren und Deutschen gemischt. Unvermischt nehmen sie ein geschlossenes Gebiet ein, welches aus Süd-Bihar in den Szilágy-Somlyóer Kreis Siebenbürgens hinüberreicht, und dort die Ansiedlungen Szocset, Almaszék, Sólyomkö, hier Hármaspatak und Magyarpatak umfasst.

k) In der Serbischen Wojwodschaft und dem Temeser Banate findet man Slovaken im südöstlichen Theile der Báčka rein zu Gložan, Petrovac und Kišac, mit Serben gemischt in Kulpin; im Gross-Becskereker Kreise zu Aradac mit Bulgaren und Serben, und zu Lukácsfalva mit Magyaren und Deutschen gemischt; im Temesvárer zu Hajdušica am Alibunar-Canale mit Deutschen gemischt; endlich unter Deutschen, Magyaren, Romanen, Ruthenen und Serben in kleineren Parcellen im Osten desselben und an der Westgränze des Lugoser Kreises, deren nördlichste das slovakisch-romanisch-deutsche Brestovac, die südlichste das serbisch-slovakische Subotica ist.

l) Am rechten Ufer der Donau liegt an beiden Abhängen des waldreichen Piliser Gebirges ein zusammenhängendes slovakisches Gebiet, welches an der Gränze des Pest-Piliser und Graner Komitates von den rein slovakischen Orten Sz. László und Sz. Lélek bis zu dem slovakisch-magyarisch-deutschen Epöly und dem serbisch-slovakischen Čobánka sich ausdehnt. Endlich finden sich Slovaken mit Magyaren und Deutschen gemischt von Puszta Zámor und Sóskút bis Mártonvásár an der Süd-Seite des Turbal-Waldes im Stuhlweissenburger Komitate.

m) Nebst ein paar kleineren Sprachinseln bei Tata (Totis) im Comorner Komitate, und bei Moor im Stuhlweissenburger und Vesprimer Komitate, nimmt ein zusam-

menhängendes slovakisches Gebiet die Ausläufer der Schild-
gebirge (Vértes) von dem rein slovakischen Tardos bis zu
dem magyarisch-slovakisch-deutschen Sikvölgye im Graner
Komitate ein. Endlich ist im Baranyaer Komitate eine slovakische Ansiedlung bei Fünfkirchen.

n) In Slavonien liegen das serbisch-slovakische Brestovac und Nieder-Daruvár mit dem serbisch-deutsch-slova-
kischen Ivanopole, das slovakisch-serbische Miljevci, das
serbisch-deutsch-slovakische Dolci, das rein slovakische Čepin
mit dem magyarisch-slovakisch-deutschen Neuviertel und
Erdevék.

o) Im deutsch-banater Regimente sind die slovakischen
Orte Kovačica und Ludwigsdorf.

p) In der Bukovina finden sich Slovaken in grösserer
Anzahl zu Csudin unter den Romanen; Neu-Solonec wurde
als rein slovakische Colonie, Pojana Mikuli als eine slova-
kisch-deutsche begründet.

2. Z a h l.

Die Zahl der Slovaken kann man mit gutem Gewissen
auf 3 Millionen veranschlagen, so dass 2½ Millionen auf
die compact, 500.000 auf die zerstreut lebenden entfallen.

3. S p r a c h e.

Das Centrum des slovakischen Sprachgebietes liegt im
Thúrozer Komitate; eben desshalb ist auch das dortige Idiom
zur Schrift-Sprache erhoben. Je mehr sich das slovakische
Gebiet von diesem Centrum entfernt, desto mehr zerfällt
die Sprache in Provincialismen, und an den Gränzen des
slovakischen Gebietes geht sie in die Idiome der slavischen
Nachbaren: der Mährer, Schlesier, Polen und Ruthenen über.

Die slovakische Sprache steht der čechischen am näch-
sten, und obwohl sie sich einer so reichen Literatur wie
sie die čechische besitzt, nicht erfreut, so hat sie doch vor
der čechischen Sprache den Reichthum an Worten, die

Kraft in Ausdrücken, die Erhaltung des Sprach-Genius, die grammatikalische Präcision und die wohlklingende Euphonie voraus. Sie unterscheidet sich von der čechischen Sprache hauptsächlich durch breite Vokale, durch eine Menge von Diphtongen und durch viele alte Wörter und originelle Sprüche, die sich im Munde des Volkes erhalten haben.

4. Geschichte.

Was die Geschichte der Slovaken anbelangt, so kann dieselbe mit Recht eine Leidensgeschichte genannt werden, da kaum ein Land von so vielen barbarischen Nationen heimgesucht worden ist, wie Ungarn, die Urheimat der Slovaken.

In der vorhistorischen Zeit schaarten sich die nach Europa eingewanderten Slovaken (Sclavini) um das rauhe Vater-Gebirg[1]) und das milde Mutter-Gebirg[2]), und zum Unterschiede von anderen Bruder-Nationen nannten sie sich eine beim Gebirge wohnende Nation[3]), das eingenommene Gebiet aber ein Land bei Gebirgen[4]). Ruhig beschäftigten sie sich mit Ackerbau, als über sie die Hunnen und dann die Avaren herfielen, um sie unter ihre Oberherrschaft zu bringen. Kaum brachten sie das avarische Joch vom Halse, so entstand im J. 800 die Idee des abendländischen deutschen Kaiserthumes, welches sich zur Aufgabe gemacht, alle möglichen Länder vom deutschen Kaiser abhängig zu machen. Die bis dahin in Fürstenthümer und Župen (Gespanschaften) zersplitterten Slovaken, Mährer und Čechen vereinigten sich in ein gut organisirtes Königthum unter dem Scepter des

---

[1]) Tata-hora, später durch Abkürzung Tatra.
[2]) Maťhora, später durch Abkürzung Mat-ra.
[3]) Uhri, Ugri von „u hory, u Gori,“ beim Gebirg.
[4]) Zem u hory, das Land beim Gebirg; uhorská zem, admontana terra, Beigebirgsland; Uhorsko, Admontanum regnum, Admontum.

Mojmir, Rastislav und Svatopluk, und um ihre politische Selbstständigkeit desto leichter erhalten zu können, trachteten sie auch eine von der deutschen Hierarchie unabhängige slavische Kirche zu gründen. Sie vertrieben die deutschen Missionäre, und beriefen von Konstantinopel her, noch vor dem Ausbruche des Schisma, die hh. Brüder von Thessalonika: Konstantin (Cyrill) und Method. Der politisch und kirchlich neu organisirte slavische Staat fand jedoch einen heftigen Gegner an dem deutschen Kaiser Arnulf. Gegen Svatopluk vermochte dieser nichts, ja er verlor an ihn selbst das Land Pannonien. Um dieselbe Zeit hausten die nomadischen und raubsüchtigen Magyaren im Osten Europas. Er nahm diese in Sold, aber vergebens; erst nach dem Tode Svatopluk's, unter den mit einander zerworfenen Söhnen Svatopluk's (896), ging der čechisch-mährisch-slovakische Staat, das chemalige Gross-Moravien, zu Grunde. Ein Theil (Pannonien) ging an die Deutschen, der andere bis an die Theis Nieder-Ungarn, Dacien) an die Magyaren, der dritte bis an die March an die Čechen verloren, und die jetzige Slovakei bis an die Donau wurde von den Polen occupirt.

Seit dem Untergange Gross-Moraviens war die Slovakei ein Spielball zwischen Čechen, Polen und Magyaren, bis dieselbe endlich um das Jahr 1018 für immer unter die ungarische Krone kam. Jedoch blieb sie ein eigenes Theilfürstenthum (tertia pars regni) der ungarischen Kronprinzen oder der Königsbrüder. Dieses Verhältniss der Slovakei ist deutlich in dem ungarischen Wappen ersichtlich gemacht: indem die eine Hälfte des Reichs-Schildes mit ihren drei Hügeln die gebirgige Slovakei, mit ihrem morgenländischen Kreuze die slovakisch-morgenländische Kirche, und mit der auf den Hügeln ruhenden, fürstlichen Krone das slovakische Fürstenthum andeutet. Eine glänzende Periode erlebte dieses Fürstenthum unter Gesa (Jesa, Jesajas) I., der, um Ungarn

vom Einflusse des deutschen Kaisers zu befreien, sich zu
dem morgenländischen Kaiser neigte. und, von diesem um
d. J. 1072 mit einer Krone beschenkt[1]), den dem deutschen
Kaiser ergebenen König Salomon vertrieb und sich auf den
königlichen Thron Ungarns setzte. Der letzte, der die Würde
eines Fürsten der Slovakei vom J. 1305 bis 1321 (usurpirend)
bekleidete, war Mathäus von Trenchin. Nach seinem Tode
wurde diese Würde niemehr erneuert.

Seitdem die Slovaken unter die Krone Ungarns kamen,
theilten sie Wohl und Wehe mit den Magyaren und den
übrigen Nationen Ungarns; denn die, von den ungarischen
Königen angenommene, slavische Constitution sagte ihnen zu.

Ein furchtbares Schicksal ereilte die Slovaken um das
J. 1241, als die Alles vernichtenden Tataren von drei Seiten
sich auf das von Slovaken bewohnte Gebiet Ungarns stürzten.
Mit Feuer und Schwert verwüsteten sie diesen „edleren
Theil des Reiches" (nobiliorem partem regni) allenthalben
wüthend, mordend und brennend. Die Folge war, dass von
allen Seiten Europas herbeigerufene Nationen die öden Städte
und Dörfer bevölkern mussten. Es waren besonders Deutsche,
welche hier ihre neue Heimath fanden. Anfangs wurden dieselben durch königliche Privilegien gegen die einheimischen
Slovaken geschützt; später aber bedrohten sie durch
ihre hohen Privilegien das slovakische, in ungebildete
Dörfer verwiesene Element[2]). Dass die Slovaken von
den Deutschen nicht unterdrückt wurden — wie ihre
Brüder am Baltischen Meere — ist einzig und allein ihrer
Lebensfähigkeit zuzuschreiben. Sie haben unter allen Be-

---

[1]) Beschreibung der ungar. Reichs-Insignien v. Joseph Weber.
Pest, 1830.

[2]) Vrgl. meine Geschichte Ungarns: Dejiny drievných národov
Uhorska; Dejiny počiatkov terajšieho Uhorska, zu Ung. Skalitz
1867 und 1868; Dejiny král'ovstva Uhorského I. Band und II.
Bandes 1. & 2. Heft zu Thúr- Set. Márton 1869 und 1871.—

wohnern Ungarns, als einheimisches Element, die meiste Fortpflanzungskraft und das grösste Attractions-Vermögen; denn wo dieselben unter Magyaren und Deutschen Wurzel fassten, hörte der Deutsche und Magyare zu gedeihen auf, und in einem Zeitraum von wenigen Generationen ward er entweder selbst zum Slovaken, oder er starb gänzlich aus. Vergebens hüteten sich die alten Deutschen in Ungarn, die bis ins XVII. Jahrhundert fast im alleinigen Besitze aller Städte, aller Handwerke, insonderheit des Bergbaues und des Handels waren, vor dieser so gefährlichen Nachbarschaft; vergebens weigerten sie sich, gleich ihren Stammältern in Deutschland, einen Knaben den Handwerksgebrauch zu lehren, der nicht beweisen konnte: „dass er von freien und deutschen Eltern, und nicht wendischer (slavischer) Art, aus einem keuschen Ehebett erzeugt und geboren sei;" denn musste ja gleich noch im J. 1554 der löbliche Magistrat der Bergstadt Schemnitz die ehrbare Schusterzunft freundlich bitten: es einem ehrsamen Rath zu Gefallen zu thun, und einen verstossenen Slaven auf Lebzeit zu gedulden, nachmals aber sollte kein Slave zu ewigen Zeiten in die Zech aufgenommen werden;" so gab doch schon 54 Jahre darauf ein Landesgesetz dem Magyaren und Slaven vollkommen gleiches Bürger- und Zunftsrecht in den Städten des ungarischen Reiches mit dem Deutschen, und das in unseren Tagen schon fast ganz slovakisirte Neusohl büsste für seine laute Unzufriedenheit mit dieser, den Slaven günstigen Verordnung, kraft eines anderen Landesgesetzes, im J. 1613 mit 2000 Gulden.

5. Fortpflanzungskraft.

Zum Beweise der Fortpflanzungskraft der Slovaken diene hier die Geschichte des Dorfes Detva im Sohler Comitate. Im J. 1635 berief Graf Ladislaus Csáky von Végles

2

einige slovakische Bauern zur Rodung seines ausgedehnten Waldes. Aus dieser Ansiedelung bildete sich im J. 1662 eine eigene Gemeinde, die heutzutage schon 9000 Seelen zählt, obwohl aus derselben im vorigen Jahrhunderte eine eigene Gemeinde, Detva-Huta, mit 3500 Seelen entstand.

Diese Fortpflanzungskraft jedoch äussert sich nicht nur in der gebirgigen Slovakei, sondern auch in Nieder-Ungarn, wo sich Slovaken niederliessen.

Um das J. 1720 war die slovakische Ansiedlung zu Čaba ganz unbedeutend; heutzutage zählt sie bei 30.000 Einwohner, ja bevölkerte ausserdem noch stark ihre Umgebung.

Auf diesen Umstand, den schon im vorigen Jahrhunderte M. Belius berührte, wurde neulich die magyarische Akademie durch Dr. Veselovský aufmerksam gemacht. Die ungarische Regierung scheint sich seine Lehre zu Herzen genommen zu haben, als dieselbe gegen Ende des vorigen Jahres unter dem Titel, die slovakischen Cholera-Waisen vom J. 1873 zu versorgen, dieselben, beiläufig 400 an der Zahl, aus dem Trenchiner und Sohler Comitate nach Nieder-Ungarn verpflanzte, um entweder die Jahr für Jahr abnehmende Zahl der genetischen Magyaren zu ersetzen, oder die Impotenz des magyarischen Elementes durch das slovakische Blut zu beseitigen.

Dem Abnehmen des magyarischen Elementes trachtet die ungarische Regierung namentlich durch Magyarisirung der Jugend in den Mittelschulen und anderen Staatsanstalten abzuhelfen. Ich erwähne nur das Waisen-Institut in der uralten Burg Lubča (Liptsch) im Sohler Comitate[*]), wo slo-

---

*) Die Beschreibung dieser Burg siehe im „Letopis Matice Slovenskej" II. Heft, 1874.

vakische Kinder wie in einem Treibhause behufs Vermehrung des magyarischen Elementes gezüchtet, d. i. magyarisirt werden.

Ja der panische Schrecken der Magyaren über das Schwinden des magyarischen Elementes ist so verbreitet, dass einige Comitate beim Landtage um Uebersiedlung der Magyaren aus der Bukovina nach Ungarn petitionirten. Ihr „pium desiderium" hat der Landtag im Jänner l. J. dem ungarischen Minister-Präsidenten zu angelegentlichem Studium anempfohlen.

Die Fortpflanzungskraft der Slovaken möge man dem gesunden Klima, der einfachen, meist vegetabilischen Kost und der moralischen Hauszucht zuschreiben.

Obwohl die Fortplanzung der Slovaken so günstig ist, so wird dennoch ihre Zahl durch studirte Renegaten sehr vermindert. Andererseits aber ersetzt die slovakische Nation die Zahl der Renegaten durch stetige Absorbirung der nichtslovakischen Nachbar-Nationen. Fast alle Bergstädte liefern Belege zu dieser ethnographischen Bemerkung; zuerst wurden die emsigen Slaven vom Lande als Knechte und Mägde und Maier gebraucht, machten sich dann ansässig, wurden Bürger und schwangen sich endlich singend zur Majorität und Herrschaft in denselben empor. Ein sehr auffallendes Beispiel dieser National- und Sprach-Metamorphose gibt insonderheit der sämmtliche obere oder gebirgige Theil des Gömörer Comitates, der im XIV. Jahrhunderte durchgängig von deutschen Berghäusern bewohnt wurde, von denen aber jetzt kaum mehr Spuren vorhanden sind, ausgenommen vielleicht die deutschen Beinamen, welche noch an ihre deutsche Herkunft erinnern.

Es darf jedoch nicht verschwiegen werden, dass viele Slovaken im Laufe der Zeit auch die magyarische Sprache als Muttersprache angenommen haben; wie denn unter dem Adel,

2*

und auch unter den magyarischen Bauern sehr viele sind, deren Vorfahren Slovaken waren. Die Enkel haben jedoch jede Spur ihrer slovakischer Herkunft verwischt, ja selbst den ehrlichen väterlichen Beinamen magyarisirt. Dieses Travestiren kam besonders seit dem Jahre 1791 in die Mode und hält künstlich den Aussterbeprocess des sich nicht fortpflanzenden magyarischen Stammes auf.

6. Nationalitätsfrage.

Das erwähnte Jahr nöthigt mich, über die Nationalitäts-Frage in Ungarn zu sprechen, welche den Slovaken viele bittere Stunden mit sich bringt. —

Obwohl der h. Stephan, der erste römisch-katholische König von Ungarn, den denkwürdigen Ausspruch that: „unius linguae, uniusque moris regnum inbecille et fragile" sah er doch ein, dass ein Reich, als Complex mehrerer Sprachen und Nationen, durch ein Sprach-Gleichgewicht bei Stärke erhalten werden kann. Aus diesem Grunde, um keiner Sprache der conföderirten Nationen Ungarns wehzuthun, erhob derselbe die damals in West- und Mittel-Europa übliche lateinische Sprache zur diplomatischen. Unter der neutralen Aegide der lateinischen Sprache schlummerten alle übrigen Sprachen Ungarns, selbst zur Zeit der Reformation, die einigermassen die nationalen Sprachen auch in Ungarn znm rührigeren Leben rief. Endlich warf die Germanisation unter Kaiser Joseph II. den diplomatischen Sitz des Lateins um; aber durch die Inthronisirung der deutschen Sprache hat er das Gleichgewicht der anderen lebenden Sprachen in Ungarn gestört und die sprachliche Eifersucht der verschiedenen Nationen Ungarns entflammt. Nach Verdrängung der deutschen Sprache aus der Diplomatie Ungarns begann die magyarische Sprache den verlassenen Sitz der deutschen Sprache einzunehmen. Die magyarische Sprache fing vom Jahre 1791 an sich Eingang zu verschaffen in die Universität, in die Lycäen, in die Gymnasien, in das Parlament, in die Comitats-Verwaltung, in die Zünfte, ja selbst auf die Kanzel der nicht-magyarischen Kirchen. Damit wuchs stufenweise auch die Hegemonie der magyarischen Nation, welche endlich den nichtmagyarischen Nationen den Garaus bereiten und aus dem polyglotten Ungarn ein ausschliesslich magyarisches Reich machen wollte. Es kam der unglückliche Bürgerkrieg vom J. 1848, das Provisorium, die Auferstehung der Constitution, der Dualismus und mit ihm die Suprematie der deutschen Sprache in Cis- und der magyarischen in Trans-Leithanien. Das Parlament vom J. 1868 fabricirte zwar ein Nationalitätsgesetz; dieses Gesetz ist jedoch für die nichtmagyarischen Nationen Ungarns nur ein Tödten unter dem Deckmantel des Constitutionalismus. Bei der Regierung, im Parlamente, in der Justiz und Verwaltung erkennen die Magyaren keine andere berechtigte Sprache an, als die ihrige. Mitten im Slovakenlande fertigen sie alle Befehle, Citationen, Protokolle, Verbuchungen u. s. w. nur magyarisch aus, und der arme slovakische Bauer, der keine Sylbe von dem räthselhaften Schriftstücke versteht, mag dann stundenweit laufen, um zu einem Geistlichen oder Gebildeteren zu gelangen, der ihm den Inhalt (nicht selten fehlervoll) zu übersetzen vermag. Ja trotzdem, dass derselbe die Schrift nicht verstanden, wird er mit einer Geldbusse bestraft oder „in contumaciam" gerichtet, wenn er den in der nichtverstandenen Schrift angegebenen Termin nicht eingehalten. Alle Staats- und Confessions-Gymnasien und Präparandien in Ungarn sind magyarisch, und aus der Staatskasse, in welche auch das Geld der nichtmagyarischen Nationen fliesst, werden nicht nur magyarische Staats-Anstalten erhalten, sondern auch private magyarische Institute subventionirt. Die magyarische Nationalität wird mit dem ungarischen Staate identificirt, und auf Grund dieses irrigen Begriffes werden Jene, die sich der slovakischen Nationalität annehmen, als Feinde der magyarischen Nationalität, folglich auch des ungarischen (magyarischen?) Staates betrachtet und verfolgt. Ja, auf eine slovakische Zeitschrift oder Werk zu pränumeriren, einen Antheil an einer slovakischen Bildungs-Anstalt u. s. w. zu nehmen, reicht hin, um den besten und tüchtigsten slovakischen Staatsbürgern die Erlangung einer Amtsstelle oder eines Pfarr-Beneficiums zu einer reinen Unmöglichkeit zu machen. Ja es gab Beispiele, dass man dem sich um eine Amts- und Pfarrstelle Bewerbenden den „Revers" abforderte, sich der slovakischen Sache zu entfremden. Grundlose Denunciationen, Sekaturen und Verfolgungen jeder slovakischen nationalen Regung sind ein offener Weg zu Distinctionen und Promotionen. Daher geschieht es, dass es Charakterlose gibt, die um einen Judas-Sold ihr eigenes Blut verrathen und verkaufen. — Ich fahre nicht fort, die Intoleranz und nach westeuropäischen Begriffen ganz unglaubliche Rücksichtslosigkeit gegenüber den Slovaken zu schildern; denn auch dieses genügt schon vollkommen zur Werthschätzung des „Liberalismus" der Magyaren.

Die Slovaken sind zwar eine geduldige und ruhige Nation: aber die magyarische Behandlung nöthigt sie zur Reaction, damit sie ihre nationale Existenz nicht aufs Spiel setzen. Obwohl die Slovaken aus der Staatspolitik gänzlich verdrängt sind, legen sie keineswegs die Hände in den Schooss, sondern führen einen tüchtigen Defensions-Kampf, um sich zu erhalten, und einen ofensiven Kampf, um die Gleichberechtigung zu erlangen, und bringen willig Opfer, um geistig und materiel fortzuschreiten. Je mehr die Magyaren sie zu entnationalisiren und zu unterdrücken trachteten, desto mehr Energie entwickelten sie. Einige Comitats-Congregationen petitionirten im J. 1848 protokollarisch um Gleichberechtigung, und da ihre Petitionen nicht nur ohne Erfolg blieben, sondern sogar weitere Verfolgungen über die Führer der slovakischen Partei heraufbeschworen, griffen die Slovaken, unter Anführung Štúr's, Hurban's und Hodža's, zu den Waffen, um ihre Nationalität zur Geltung zu bringen. — Nach dem Provisorium hielten die Slovaken im J. 1861 zu Thúr St. Márton eine National-Versammlung ab, in welcher sie ihre dem Landtage vorzulegenden Wünsche formulirten. — Bei den Landtags-Wahlen der JJ. 1865, 1869 und 1872 kandidirten fast in allen Wahlbezirken der Slovakei die besten Männer der Slovaken, und ihre Siege wurden nur durch die allgemein bekannte ungarische Wahlart vereitelt: Bestechung, Versprechungen, Ehrabschneidung, Intriguen, Berauschung, Drohung u. s. w. waren die Waffen, denen sie unterlagen. Das „minden áron megbuktatni," d. i. auf eine jede mögliche Weise die slovakischen Kandidaten zu stürzen, war das Losungswort im Wahlkampfe gegen dieselben. Die Slovaken streckten jedoch selbst nach diesen Misserfolgen nicht die Waffen. In Comitats-Congregationen und in ihrem einen politischen Blatt (Národnie Noviny) hören sie nicht auf, energisch der Regierung und ihren Gegnern zuzurufen: „Gebt uns Freiheit und Gleichberechtigung! Ohne Gleichberechtigung der Nationen kann und wird das allgemeine Wohl des gemeinsamen Vaterlandes nicht aufblühen!"

7. Religion.

Was die Religion betrifft, so gehören beiläufig ⁷/₁₀ der Bevölkerung der Slovakei der katholischen Kirche, ²/₁₀ der Augsburger Confession, ¹/₁₀ dem Judenthume an. Da die Juden, sehr wenige ausgenommen, keinen nationalen Charakter haben, so dürfen sie am allerwenigsten eine deutschnationale Sonderstellung beanspruchen. — Die Religiosität der Slovaken ist tief aber sehr oft mit Aberglauben verbunden, ja es lassen sich sogar noch Spuren des alten slavischen Heidenthums beim Volke wahrnehmen, und zwar in Gebräuchen, Spielen, mythischen Erzählungen und selbst in Ausdrücken[1]). — Die Anhänglichkeit an die Geistlichkeit jedoch ist in der letzten Zeit sehr gelockert, theils durch die Confessions-Losigkeit der Gebildeteren, theils durch die politischen Kämpfe in der Nationalitäten-Frage; denn wo der Geistliche ein Magyarone ist, hassen ihn die ein nationales Bewusstsein habenden Gläubigen. Ist der Geistliche ein Nationaler, so wird das noch kein nationales Bewusstsein habende Volk von den Magyaronen gegen ihn gehetzt, zum grossen Nachtheile für die Religiosität und Moralität des Volkes.

8. Charakter und körperliche Konstitution.

Hinsichtlich des Charakters sind die Slovaken dem altslavischen Typus, besonders in den Gebirgs-Dörfern, am treuesten geblieben. Sie sind gewöhnlich von mittlerer Grösse, in manchen Gebirgen (z. B. im Sohler Comitate um Detva) fehlt es nicht an Riesen-Gestalten. Sie sind gewöhnlich stark gebaut, von heller Gesichtsfarbe, blauen Augen und blonden Haaren, gutmüthig, fleissig, bescheiden und ausdauernd, aber servil, furchtsam und demüthig. Dieses letztere ist eine Folge der Unfreiheit, in welcher vor dem J. 1848 die grosse Masse des slovakischen Volkes sich befand, so dass nur die jüngere Generation zum vollkommenen Bewusstsein des Freiseins gelangen wird. — An Geistes-Gaben stehen die Slovaken keiner Nation Ungarns nach. Leider

---

[1]) Vrgl. Sbornik slovenskych národních piesni, povesti, prislovi, porekadiel, hádok, hier, obyčajov a povier. Herausg. v. d. Matica Slovenská in Túr Set. Márton 1870. — Úvahy o slovenských povesťách. P. Dobšinský. Daselbst v. J. 1872.

pflegt es allzuhäufig zu geschehen, dass die gebildeten jungen Slovaken durch die Renegaten winkenden schönen Aussichten verlockt, sich den Magyaren anschliessen und ihrer eigenen Nation untreu werden.

9. Cultur.

Um über die Cultur der Slovaken sprechen zu können, ist es vorerst nöthig, dieselben in Classen einzutheilen. Der hohe Adel wohnt im Dorfe, wo seine Besitzungen an Feld und Wald liegen. Er führt ein üppiges Leben und opfert sich dem Dienste des Vaterlandes erst dann, wenn er eine Würde erreichen kann, in welcher er Andere zu beherrschen berufen ist, oder wenn vergeudetes Vermögen ihn dazu zwingt. Den Kindern lässt er — wie in einem Treibhause — zu Hause durch Erzieher Bildung zu Theil werden; weniger darauf bedacht, dass der Sohn Kenntnisse erwerbe, als dass derselbe in keine Berührung mit dem kleineren Adel, der Bürgerschaft oder gar mit dem Volke komme. Der Privatunterricht zieht eben auch Privatprüfungen nach sich, bei denen nicht so sehr das Wissen, als das Geld entscheidet. Es ist darum kein Wunder, dass es unter dem so zahlreichen ungarischen Adel so wenig Menschenfreunde und wissenschaftlich Gebildete gibt. — Diese Classe von Menschen achtet die Nationalität und das Recht des Volkes nicht, dreht den Mantel nach dem Winde der herrschenden Politik und blickt auf das Volk noch mit jenen stolzen Augen nieder, mit denen sie bis 1848 auf dasselbe zu blicken gewohnt war, als es ihr noch den Frohndienst leistete. — Der Bürger in den Städten lässt seine Kinder in den öffentlichen Anstalten entweder für Würden in Staat und Kirche oder zu einem gebildeten Handwerker erziehen. Er beschäftigt sich mit Handwerk, Handel, und oft neben dem

Handwerke mit Oeconomie. Diese Classe, so lange sie, auf die Stadtprivilegien pochend, sich von den Dorf-Einwohnern als unfreien Unterthanen, absonderte, war der slovakischen Sache abhold; heutzutage jedoch fällt die den Bürger von dem Landmanne trennende Mauer immer mehr und mehr, und das slovakische nationale Bewusstsein nimmt unter der Bürgerschaft mehr und mehr grössere Dimensionen an. — Die Landleute in den Dörfern, denen auch der sehr zahlreiche arme Adel beizuzählen ist, bebauen, besonders in der gebirgigen Slovakei, sehr mühsam ihren Boden und bleiben in der Cultur noch ziemlich zurück, da die Dorfschulen trotz allen am Papier gebliebenen — Landesgesetzen sich noch in sehr primitivem Zustande befinden; ja es gibt Gegenden, wo die Dorfschulen unter der Aufsicht (?) der neucreirten und gut besoldeten kön. Schulräthe den Krebsgang gehen. Trotzdem gibt es Dörfer, wo der dem Grundherrn nicht mehr robottirende Landmann nicht nur seinen Sohn in Dorfschulen und Gymnasien schickt, sondern auch für seine eigene Bildung sorgt. Das bestätigt der Jahr für Jahr zunehmende Absatz von slovakischen Zeitschriften und Büchern belehrenden oder unterhaltenden Inhaltes. Es ist nicht zu zweifeln, dass auch die Bildung des Volkes fortschreiten wird, je mehr die Schulen an Zutrauen gewinnen.

10. Schulen.

In Städten und Dörfern gibt es Bürger- und Dorfschulen, wo die Unterrichts-Sprache die slovakische ist. Sie sind noch die einzigen öffentlichen Anstalten, in denen der Slovak eine slovakische Erziehung geniesst. Leider sind die Schulen in den Dörfern noch nicht in der Lage, ihre Aufgabe gehörig zu lösen! Der vom Cultus-Minister Eötvös gemachte unreife Unterschied zwischen confessionellen und interconfessionellen (d. i. confessionslosen) Schulen hat der

Schulbildung mehr geschadet als genützt. Die Gemeinden haben sich fast durchwegs für confessionelle Schulen erklärt, leisten aber weder für die Schule noch für den Lehrer Dasjenige, was eine gute Schule erfordert. Die Grundherren, die früher als Schulpatrone für die Schulen ihres Besitzthumes gesorgt haben, sind für interconfessionelle Schulen, um der avitischen Schullast zu entgehen. Die Staatskasse reicht nicht hin, um die den Gesetz-Forderungen nicht entsprechenden confessionellen Schulen zu schliessen und an ihre Stelle interconfessionelle zu setzen. Die Beamten lassen die confessionellen Schulen ohne moralische Unterstützung, mit der falschen Ausrede: dass die confessionellen Schulen sie, als Beamte eines interconfessionellen Staates, gar nicht angehen. Die Archive des Ministeriums werden mit Schulberichten, die Kanzleien der Schulinspectoren mit Schulverordnungen angefüllt, an der Schulbildung wird aber wenig, wenn nicht gar Nichts, gebessert. Es gibt Schulgebäude, die mit Einsturz drohen, und confessionelle Lehrerstellen, welche kaum 100 fl. eintragen. Es ist daher kein Wunder, dass viele Lehrerstellen unbesetzt bleiben und in vielen Dörfern eine Schulbildung überhaupt unmöglich ist.

In der Slovakei gibt es auch Staatsgymnasien, aber diese sind — für die Slovaken keine Bildungs-, sondern nur Entnationalisirungs- und Magyarisirungs-Anstalten. An diesen Gymnasien ist die Unterrichtssprache die magyarische, selbst beim Religions-Vortrage. Die slovakische Sprache wird nur in drei Gymnasien Oberungarns, als ein nicht obligater Gegenstand, dem freien Willen der unreifen Jugend überlassen. An diesen Gymnasien wird die slovakische Nation nicht geschont, die Geschichte zum Spotte der slovakischen Nation gehandhabt, und es gehört viel Muth und nationales Bewusstsein dazu, sich als Slovake einschreiben zu lassen.—Ein gleiches Loos haben die Slovaken an confessionellen Gymnasien, da die Hirarchie — mit geringer Ausnahme — mehr für das Magyarenthum, als für das Kirchenthum eingenommen ist. In dieser Hinsicht genügt auf den Umstand hinzuweisen, dass für die Obergymnasien nicht einmal ein slovakisches Lehrbuch der Religion existirt. — Dieser Umstand bewog die Slovaken, Sammlungen zu veranstalten, um drei nationale Gymnasien — ein katholisches zu Znyo-Kloster, zwei evangelische zu Túr Sct. Márton und Gross-Revúca — zu stiften und zu erhalten. Diese im Sinne des XLIV. §. des 1868. L.-Gesetzes gestifteten Gymnasien waren den „liberalen" magyarischen Politikern ein Dorn im Auge. Es erhob sich ein Sturm gegen dieselben. Am 15. Apr. 1874 hat die Versammlung der Sohler Comitates eine — von Oben inspicirte — Repräsentation fabricirt, die nicht mehr und nicht weniger von der ungarischen (magyarischen) Regierung verlangte, als die Aufhebung oder wenigstens Umgestaltung (Magyarisirung?) der genannten „panslavistischen und dem magyarischen Staate gefährlichen" Gymnasien. Diese saubere Repräsentation wurde allen Comitats- und Stadt-Municipien mitgetheilt, mit der Aufforderung, sie zu unterstützen. Die Municipien haben sich theils pro, theils contra erklärt, der Dispositins-Fond hat in den den Slovaken feindlichen Blättern eine „öffentliche Meinung" heraufbeschworen, und das hohe Ministerium hat eine Untersuchung der panslavistischen und staatsgefährlichen Gymnasien anbefohlen. — Parturiunt montes, prodibit ridiculus mus. — Superintendent Geduly hat die Untersuchung in Bezug auf das S. Martiner Gymnasium abgelehnt, da er im J. 1873 dasselbe correct gefunden, und da in der Sohler Repräsentation keine konkreten Facta angegeben wurden. — Das Znyo-Klosterische Gymnasium bestand zwei Inquisitionen, und jede derselben hat dasselbe für unschuldig und ausgezeichnet erklärt. Trotzdem hat der Cultus-Minister das Gymnasial-

Patronat aufgefordert, das Gymnasium unter gewissen Bedingungen dem Staate zu übergeben, da er sonst demselben das Oeffentlichkeitsrecht entziehen würde. Während der Verhandlungen hat der Minister, als die Jugend vor Eröffnung des Lehrkurses schon zum Einschreiben erschien, das Gymnasium „der Feuchtigkeit des neuen Gymnasialgebäudes wegen" provisorisch zu schliessen anbefohlen. — Im December 1874 wurde das Gymnasium zu Thúr Sct. Márton im Auftrage des evang. General-Conventes inquirirt, für unschuldig und ausgezeichnet befunden, und — trotz allen Belobungen von Seite der Inquisitoren — noch im Laufe des Schuljahres 1874—5, sammt dem Znyo-Klosterischen über ministerielle Unterbreitung, durch Allerh. Rescript vom 30. Dec. 1874 geschlossen. — Das Gross-Revúcer Obergymnasium wurde vom Superintendenten Czékusz auf eine „besondere Weise" inquirirt, gerichtet, abgeurtheilt und der Cassation unterbreitet. Noch bevor ein auf den 2. Sept. nach Pest einberufener evangelischer General - Convent im Bezug auf dasselbe seine Sentenz abgeben konnte, wurde dasselbe mit allerh. Entschliessung vom 20. August 1874 aufgehoben und das aus slovakischem Almosen errichtete Gymnasial-Gebäude occupirt. Nicht genug daran! Das gesammte Gymnasial-Vermögen, ja selbst der Gehalt der Professoren, wurde durch die Comitatsbehörde sequestrirt, wodurch die brotlosen Professoren dem Hunger preisgegeben wurden[1]) — Die aus dem Thúr-Sct.-Mártoner Gymnasium entlassene Jugend musste in der strengsten Februar-Kälte davonziehen, wobei — Andere nicht zu erwähnen — einer so erfroren ist, dass man ihm die Füsse amputiren wird.[2])

---

[1]) Die in der Slovakei und Böhmen auf die brotlosen Professoren veranstalteten Sammlungen betragen kaum 4000 fl.

[2]) Von den traurigen Schicksalen der armen Jugend siehe „Národnie Noviny" vom 20. Februar l. J.

Es blieb jedoch nicht bei den blossen Klagen. Die evangelische Kirche zu Thúr Sct. Márton hat am 17. Jänner l. J. in ihrem Convente im Sinne des evangelischen Autonomie - Rechtes die Errichtung eines slovakischen evangelischen Ober - Gymnasiums beschlossen. Diese Idee wurde überall mit Begeisterung aufgenommen und fand besonders in Böhmen ein brüderliches Echo, so dass in etlichen Tagen für das neue Ober - Gymnasium in Böhmen über 30.000 fl., in Ungarn 4000 fl. subscribirt wurden. Und was geschah? Der ungarische Unterrichts-Minister hat die Verwirklichung dieser schönen Idee definitiv verboten, der kön. Fiscus aber auch den, auf den 27. Jänner l. J. einberufenen Seniorat-Convent, welcher in der Gymnasial-Frage sein Votum abgeben sollte, aufgelöst. — War ja denn das noch nicht geborene Kind schon „panslavistisch und unpatriotisch." da es schon im Mutterleibe erstickt wurde? — Die Kritik über dieses Verfahren eines ungarischen Unterrichts-Ministers in Schul- und Cultur-Frage überlasse ich den geneigten Leser und der Geschichte! —

Dieses vandalische Vorgehen wird jedoch hoffentlich den Slovaken nicht den Eifer für die nationale Bildung rauben, sie nicht mutlos machen!

Eine ambulante magyarische Theatergesellschaft zieht im Lande herum, um mit einem Lustspiel „von einem aus Gross-Revúca vertriebenen slovakischen Studenten" das magyarische Publikum zu amüsiren. Ja die antislovakische Partei war so frech, unmittelbar nach der Schliessung des Gymnasiums, in dem occupirten Gymnasialgebäude vor den Augen der Gekränkten eine Tanzunterhaltung zu geben. — Auch der feige Esel versetzte somit dem bezwungenen Löwen noch einen Rippenstoss!

Durch diese „energischen" und „constitutionellen" Vorkehrungen des ungarischen Unterrichts-Ministeriums in der slovakischen Schul-Frage haben die Slovaken einen sehr schmerzlichen Verlust zu beklagen; denn jene Gymnasien waren die einzigen natürlichen Bildungs-Anstalten zur Hebung der Cultur und des Wohlstandes der Slovaken; denn ohne slovakische Gymnasien wird auch keine slovakische Literatur, ohne diese aber keine Bildung der Slovaken möglich sein.

11. Literatur.

Beim Ausdrucke „slovakische Literatur" denke man nicht an eine reiche Welt-, sondern nur an eine in suo genere, sich erst entwickelnde Literatur. — Bevor ich aber diese bespreche, bin ich genöthigt, Etwas über die slovakische Schrift-Sprache voranzuschicken.

Im Mittelalter schlummerten die lebenden Sprachen. Die böhmische Sprache schaffte sich zuerst das Latein vom Halse. Das goldene Zeitalter der böhmischen Sprache fällt in das XIV. und in den Anfang des XV. Jahrhundertes, als nach der Vorschrift der goldenen Bulle Kaiser Carls des IV. (Cap. 30 § 2) jeder Kurfürst des römisch-deutschen Reiches slavisch lernen sollte. In der böhmischen Literatur war um die Zeit des Conciliums von Konstanz Alles schon helle, während es in Deutschland und auch in Frankreich erst zu tagen anfing. Die Strahlen der böhmischen Literatur erstreckten sich auch über die Slovakei, wegen der Aehnlichkeit der böhmischen und slovakischen Sprache, die damals viel grösser war, als sie heutzutage ist. Als dann die Reformation unter den Slovaken, die bereits durch eingewanderte Husiten für dieselbe vorbereitet waren, von Böhmen her sich verbreitete: gewann die durch Prediger eingeführte böhmische Sprache einen grossen Einfluss auf das Slovakische, und gleichsam unter dem Schutze des böhmischen erwuchs langsam auch eine slovakische Literatur. In der böhmischen Sprache wurden die Gesang- und Gebetbücher abgefasst, in derselben wurde gepredigt, auch ganze, theils kirchliche, theils weltliche Werke gedruckt¹), ja selbst der hohe Adel der Slovakei bediente sich derselben in Correspondenzen und Conversation²).

Um jedoch die Leselust der Slovaken noch mehr zu wecken, und dadurch die Bildung des slovakischen Volkes zu fördern, hielten es einige Schriftsteller für rathsam, eine eigene slovakische Literatur zu gründen. Der erste Versuch geschah durch Ant. Bernolák (1788—1791), doch nur katholischerseits. Einen neuen Aufschwung erhielt die slovakische Schriftsprache durch L. Štúr (1845) evangelischerseits. Diese kam mehr und mehr in Aufnahme, und besonders die gebildete slovakische Jugend (Štúrova škola) war für Verbreitung und Erhebung derselben an die Stelle der böhmischen sehr thätig. Da aber weder das Bernolakische noch das Štúrische auf philologischer Basis beruhte, unterzog sich Martin Hattala (1850), derzeit Professor der Slavistik an der Universität zu Prag, der Mühe, eine slovakische Grammatik nach philologischen Principien zu verfassen, deren sich heutzutage alle slovakischen Schriftsteller und Gebildete bedienen.

Die Feststellung einer gemeinsamen Schriftsprache war eine wahre Wohlthat für die slovakische Literatur. Begeistert für dieselbe stifteten die Slovaken (1863) eine literarische Gesellschaft „Matica Slovenská“ zur Herausgabe slovakischer

---

¹) Josefa Jungmanna Historie literatury České. Druhé vydání. V Praze 1849.

²) Die slovak. liter. Gesellschaft „Slovenská Matica“ hat ein „Archiv“ alter Schriftdokumente herauszugeben angefangen. Erschienen sind schon zwei Hefte im J. 1872 und 1873 zu Thúr Sct. Márton.

wissenschaftlicher und belehrender Bücher[1]). Die Zahl der Mitglieder (Stifter mit 100, ordentliche Mitglieder mit 50 fl.) beläuft sich auf 900, das Kapital aber auf 73.000 fl. — Nach der Unterdrückung der slovakischen Gymnasien ist jedoch das Damoklesschwert auch gegen diese literarische Gesellschaft gerichtet. Den ersten inquisitorischen Besuch stattete derselben am 29. Dec. 1874 der ungarische Polizei-Chef Ludvig Jekelfalussy ab. Dieser nahm alle Sitzungs-Protokolle und Rechnungen mit sich nach Pest, um einen Standpunkt auszustudiren, aus dem man die „Matica Slovenská" angreifen könnte. Ja, obwohl bis Mitte Februar keine Inquisition in facie loci gegen die Matica Slovenská eingeleitet wurde, ward — wie verlautet — schon am 5. Feber l. J. die Cassirung der Matica Slovenská in der Sitzung des ungarischen Ministeriums dekretirt. Die herangebrochene Krise jedoch hat die Effectuirung des Beschlusses verhindert. — Trotzdem ist die Thätigkeit der Matica Slovenská gehemmt, da eine minist. Verordnung vom 18. Feb. l. J. ihr die Abhaltung der Ausschusssitzungen verboten hat. — Neben dieser, die ihren Sitz zu Túr Sct. Martin hat, bildete sich zu Tyrnau (1869) eine andere slovakische literarische Gesellschaft (Spolek sv. Vojtecha) zur Herausgabe slovakischer katholischer Bücher, die mehr als 2000 Mitglieder zählt und über ein Kapital von 40.000 fl. verfügt. Auch diese mehr kirchliche Societät lernte die Früchte des Liberalismus (?) gegen die Slovaken kennen. Als nämlich die Mitglieder dieser Societät am 26. und 27. Sept. 1870 sich in der Stadt Neutra zu einer General-Versammlung einfanden, wurden dieselben insultirt, ja vogelfrei den „inscenirten" rohen Gewaltthätigkeiten des dazu organisirten Pöbels preisgegeben.

---

[1]) Die laufende Zahl der bis jetzt herausgegebenen Schriften ist 40.

Ohne die von zwei literarischen Vereinen und anderen privaten Schriftstellern herausgegebenen Bücher aufzuzählen, haben die Slovaken eine politische Zeitschrift, „Národnie Noviny“, die zu Thúr-Sct.-Mártin dreimal in der Woche erscheint; eine politische Monatschrift „Hlásnik,“ die für Landleute in Thúr-Sct.-Mártin erscheint. Herausgegeben wird ausserdem zu Privigye eine belletristische Monatschrift „Orol“; zu Tyrnau eine Wochenschrift „Katolícke Noviny“ und „Katolická Škola“; zu Ung. Skalitz eine landwirthschaftliche Zeitschrift „Obzor“; zu Thúr-Sct.-Mártin eine humoristische Wochenschrift „Rarach“ und eine andere belehrende Volksschrift „Priatel’ l’udu.“ Die Thätigkeit dieser Blätter ist so gross, dass die Regierung, um ihren nationalen Charakter zu paralysiren, genöthigt war, ein subventionirtes, politisches Blatt, „Svornost“ herauszugeben. Doch diese Regierungs-Fürsorge ist ohne Erfolg geblieben; denn wie die früheren slovakischen Regierungs-Organe: „Krajan“, nach diesem „Koruna“, nach dieser „Vlastenec“, eingegangen sind, so wird auch die den Interessen der Slovaken entgegenarbeitende [*)] „Svornost“ bald dasselbe Schicksal erleben.

12. Bibliothek.

Mit der Literatur stehen gewiss Bibliotheken und Druckereien in engster Verbindung. Für beide haben die Slovaken gesorgt. In Unter-Kubin, Arvaer Comitat, befindet

---

[*)] Damit die Leser sich einen Begriff von diesem väterlichen Regierungs-Organe machen, führe ich nicht dessen Attentate auf die ersten Männer und die Gymnasien der Slovaken an, sondern nur „den guten Rath“, welchen dieses Pamphlet den Slovaken gab: dieselben mögen ihre literarischen Gesellschaften auflösen, das Haus, die Bibliothek verkaufen und das Geld unter die Dorflehrer vertheilen; dass die Slovaken nur durch magyarische Schulen gebildet werden können, da das Slovakische bildungsunfähig ist u. s. w. Die „Svornost“ wird weiters unentgeltlich zugeschickt, man mag sie haben wollen, oder nicht.

sich zwar eine ziemlich grosse Bibliothek, die einst der gelehrte Čaplovič († 1847) dem Arvaer Comitate testamentarisch vermachte, aber die Organisation dieser Bibliothek steht dem freien Gebrauche derselben entgegen. Die Slovaken trachteten daher eine den slovakischen Schriftstellern zugängliche Bibliothek zu errichten. Der Grund zu diesem Institute wurde im J. 1869 gelegt. Nachdem die slovakische literarische Gesellschaft ein neues, stockhohes (noch nicht ausgebautes) Haus zu Thúr - Sct. - Martin angekauft hatte, bestimmte sie den geräumigen Saal zur Abhaltung von Generalversammlungen[1], andere Gemächer aber für die Vereinskanzlei und Bibliothek. Gleichwie der Kaufschilling für Haus und Garten durch milde Gaben gedeckt werden soll (25.000 fl.), so soll auch die Bibliothek durch Spendung von Büchern, Antiquitäten und Raritäten gebildet werden. Dieselbe nimmt rasch zu. Abgesehen von den 7000 Büchern, besitzt dieselbe schon eine reiche Münzen-[2] und Mineraliensammlung, Herbarien, so wie auch Urnen, Stein-, Bronz- und Eisenalterthümer u. s. w., so dass dieselbe bald zu einem förmlichen slovakischen Museum anwachsen könnte. Obwohl diese Bibliothek schon jetzt auf 20.000 fl. geschätzt werden kann, hat die genannte literarische Gesellschaft kaum 1000 fl. aus ihrem Stammkapital auf dieselbe verwendet; alle ihre Schätze stellen der Freigebigkeit der edlen slovakischen Söhne und Töchter ein glänzendes Zeugniss aus. Endlich gibt es auch Pfarr-, Gemeinde- und Vereins-Bibliotheken, die meistens mit oft behördlicherseits gemassregelten Lese-Vereinen in Verbindung stehen.

---

[1] Im selben Saale werden auch von Dilettanten Theater - Vorstellungen, Gesangproduktionen u. s. w. gegeben.

[2] Dieselbe hat in den Tagen vom 9—11. März 1874 durch einen bis jetzt nicht geahndeten Diebstahl einen auf 4000 fl. geschätzten Schaden erlitten.

13. Buchdruckerei.

Die zur Herausgabe von Druckschriften gegründete „Matice Slovenská" bedurfte einer Buchdruckerei in der Nähe ihres Sitzes; ihr Stammkapital aber reichte nicht hin, um diese Anstalt aus Eigenem zu gründen. Da kamen wieder die armen, von der Aristokratie verlassenen Slovaken mit ihren Opfern zu Hilfe! Es bildete sich eine Actien-Gesellschaft, welche im J. 1869 eine Buchdruckerei zu Thúr-Sct-Mártin gründete. Dieselbe wirkt nun, und zwar in ihrem eigenen Hause mit einem Director, einem Factor und mit 4—6 Setzern. Ja die Slovaken gründeten auch zu Pest eine Actien-Buchdruckerei „Minerva," welche sich aber leider unter fremden Elementen nicht erhalten konnte.

14. Weibliche Erziehungs-Anstalt.

Auch für das schöne junge Geschlecht sorgen die emsigen Slovaken. Der den Slovaken unvergessliche Vater, Stefan Moyses, wailand Bischof von Neusohl, wollte mit Hilfe milder Gaben eine katholische weibliche Erziehungs-Anstalt für slovakische Töchter in Neusohl gründen; durch den Todt weggerafft, konnte er aber die Ausführung dieser Intention nicht erleben. Nach seinem Tode (1869) verwirklichte man sein Vorhaben, jedoch nicht so, wie er und die Mitspender es beabsichtigten. Die den „Töchtern der christlichen Liebe" anvertraute Erziehungs-Anstalt zu Neusohl ist Alles, nur kein slovakisches Institut. Die Slovaken fühlten sich daher genöthigt, einen Verein „Živena" zu bilden, der den zur Errichtung einer slovakischen weiblichen Erziehungs-Anstalt nothwendigen Fond besorgen soll. Der bisherige Eond beläuft sich auf 4000 fl.

15. Geldinstitute.

Nicht nur für das geistige, sondern auch für das materielle Wohl ihrer Landsleute sorgen die Führer der Slovaken. Auf Actien haben sie zu Thúr-Sct.-Márton, Sillein u. s. w. Sparcassen, Vorschusscassen gegründet, um das Volk den Klauen unbarmherziger Geldspeculanten zu entreissen. Obwohl diese Institute magyaronischerseits, besonders jenes zu Thúr-Sct.-Márton, viel verfolgt werden, gedeihen sie doch sehr, sowohl zum Frommen des Volkes, als auch der Actionäre, da sie „reinen" Händen anvertraut sind.

16. Die Wehrkraft.

Ein Blick auf die Fortpflanzungskraft und den kernigen gesunden Menschenschlag der Slovaken überzeugt einen Jeden, dass die Slovaken verhältnissmässig mehr Söhne der Landes- und Monarchievertheidigung zur Verfügung stellen, als andere Nationen Ungarns; diess leuchtet um so mehr ein, wenn wir beherzigen, dass die Aristokratie und Judenschaft sich meistens der Militärpflicht unter verschiedenen Vorwänden und Protectionen entzieht. Was der rüstige Slovak auf dem Schlachtfelde für seinen König und sein Vaterland leistet, hat der mährische Abgeordnete Wurm dem Wiener Reichsrathe im December des Jahres 1874 deutlich zu erwägen gegeben, als er ausrief: „Wir haben ein vortreffliches Material für Zuaven unter den Slovaken im östlichen Mähren und nördlichen Ungarn." Ungern stellt sich der slovakische Jüngling zur Assentirung, aber wenn er einmal Soldat wird, ist er seinem Eide treu und auf dem Schlachfelde ein Löwe.

17. Naturprodukte.

Was die Naturproducte betrifft, hängen dieselben sehr vom Clima der slovakischen Gegenden ab: daher müssen wir hier die ebene und gebirgige Slovakei unterscheiden.

Mit der ebenen Slovakei will ich die Leser nicht viel beschäftigen, da dieselbe genug reich ist an allen gewöhnlichen Producten der Agricultur und des Weinbaues. Es gedeihen daselbst Weizen, Korn, Gerste, Hafer, Mais, Hirse, Heidekorn, Kartoffel, Marillen, Zwetschken, Pfirsiche, Kastanien, Tabak, Aepfel, Birnen, Nüsse, Rüben, Kohl, Kürbisse, Gurken; Melonen nur ausnahmsweise, da sie einer sorgfältigeren Pflege bedürfen. Auf Pferde-, Ochsen- und Schafzucht wird weniger Gewicht gelegt, da für Wiesen wenig Raum vorhanden ist. Der Weinbau wird gegen Westen und Süden betrieben, und zwar in den Comitaten: Neutra, Pressburg, Gran, Barsch, Hont, Neograd, ja selbst im Sohler Comitate zu Krupina (Karpfen).

Aermer zwar, aber interessanter ist die pittoreske gebirgige Slovakei. Ueberall bieten sich die reizendsten Fernsichten dar. Die Tannenwälder sind stets frisch und grünend; die Hügel mit Schlössern und Ruinen von Burgen bedeckt. Ein grosser Strom zeigt sich in einer mässigen Entfernung; ein krystallheller Bach stürzt sich in der Nähe von den Felsen herab; auf der Schlangenbahn zieht durch das Thal oder auf den Spitzen der Berge (bei Kremnitz) die pustende Locomotive: hier sitzt um das Feuer eine Gruppe, dem schönen Sonnenaufgang entgegenharrend; da erblickt man den Verehrer der Flora, wie er sein Herbarium bereichert; dort sieht man den Schäfer mit seiner Heerde; hier die russigen Gesichter der Kohlenbrenner; die zwar rauhe, aber reine Luft erschallt entweder vom Gemurmel des Baches oder von den Tönen der Schalmey und des Dudelsacks des Schäfers oder vom Gesang der Vögel. Ein Land ist kaum reichlicher an heisse Quellen, Sauerbrunnen und Mineral-Wässer gesegnet, als der gebirgige Theil der Slovakei. Die berühmtesten Bäder sind zu Sliač, Korytnica, Železno, Polhora, Smolník (Schmeks), Teplic, Stuben, Pieštan, Smrdák u. s. w.

Die Anhöhen sind mit kräftigen und gewürzigen Arzneikräutern bedeckt, so dass von hier aus viele Apotheken Europa's versorgt werden und noch mehr versorgt werden könnten, wenn man diesem Erwerbs-Zweige mehr Aufmerksamkeit zuwenden würde. Es gibt hier auch vielerlei Farbekräuter, mit denen man den Brisner, Klenocer u. s. w. Käse bald grün, bald roth und gelb färbt. — In der gebirgigen Slovakei, namentlich in den Comitaten Sohl, Barsch, Hont, Gömör, Liptau, Zips, Arva, Thúr und Trenchin ist die Schafzucht zwar von grösserer Wichtigkeit, jedoch ist dieselbe mehr des vortrefflichen Käses (oštiepky, brindza), als der Wolle wegen berühmt. Bis an die Schneegrenze zwar weiden Ochsen und Kühe. aber aus Mangel an hinreichendes Futter werden selten mehr Kälber aufgezogen, als zum Hausbedarf nöthig ist. Die Pferdezucht ist von wenig Belang. Der Esel kommt auf den Steppen, wo er zum Transport dient, besser fort. Was die Agricultur betrifft, so bewährt sich fast das lateinische: „maledicta patria, quae laudatur ab aquis". Im Schweisse seines Angesichtes geniesst der Slovak sein Brod. Weizen und Gerste lohnt die Arbeit nur in den besseren Thälern. Besser gedeiht Korn und Hafer, so wie auch Gemüse, Kartoffeln, Rüben und Kohl. Es gibt auch so rauhe und steile Gegenden, wo Haferbrod. Kraut und Kartoffel die tägliche Kost des ärmeren Landmannes bildet. Obwohl das Obst wenig Zuckerstoff enthält. könnte die Obstzucht doch mehr abwerfen[1]). Leider widmet man dem landwirthschaftlichen Volksunterrichte noch wenig Aufmerksamkeit zu. Eine

---

[1]) Um die Obstkultur zu heben, hat die „Matica Slovenská" folgende Schriften herausgegeben: „Myšlenky o zahradníctve. Stefan Moyses." Druck in Ung. Skalitz, 1865. — Dann: „Ovocinár. Ant. Penzl." Druck in Prag. 1867. — Zur Hebung der Agricultur wollte dieselbe im laufenden Jahre eine populäre Schrift „Hospodár na Slovensku" herausgeben.

ökonomische Staats-Schule zu Lipt. Hradek und einen ökonomischen Verein zu Nitva-Deżerice ausgenommen gibt es keine anderen slovakischen Institute, welche die Hebung der Landwirthschaft zur Aufgabe haben; die magyarischen aber bleiben ohne jeden Einfluss auf das slovakische Volk. Hanf und Lein werden besonders in der Zips mit Erfolg angebaut. Es gibt Gegenden, wo derselbe bloss des Oels wegen gesäet wird, und wieder andere, wo die Hanf- und Flachsfaser, kaum durchgehechelt, schon verladen wird. Mohn wird in besseren Gegenden viel gebaut, weil er von den Slovaken in Mehlspeisen häufig genossen wird. Den Mangel an Lebensmitteln ersetzen einigermassen die Fische (Forellen besonders), Krebse und Bienen. Man verlegt sich mit Fleiss und Glück auf die Bienenzucht, welche zusehends in Zunahme begriffen ist und immerfort verbessert wird [1]. Auf den Feldern gibt es zwar Hasen, aber der grossen Zahl der Jäger wegen werden sie immer seltener. In den Hochwäldern werden von Zeit zu Zeit mit gutem Erfolg Jagden auf Schnepfen, Wölfe und Bären veranstaltet; Hirsche, Rehe und Wildschweine aber sind hier seltene Gäste. Merkwürdig sind die endlosen Schaaren der Feldmäuse, welche in manchen Jahren unsere Saaten unterwühlen und Theuerung und Hunger über's Land bringen.

Doch der grösste Reichthum der Slovakei sind die Berge mit ihrer Oberfläche und ihrem Innern. — Die Wälder liefern Jahr für Jahr eine grosse Menge Eicheln und Holz. Leider verstehen die Besitzer, besonders die Pächter, die Wälder nur auszurotten, aber für gehörige Cultivirung der Holzschläge tragen sie keine Sorge. — Der Bergbau ist

---

[1] Im Bezug auf die Bienenzucht hat die „Mátiĉa Slovenská" die Schrift „Vĉelár" zu Thur-Sct.-Márton 1871 herausgegeben.

kaum anderswo bedeutender, als in der Slovakei. Die reichsten Fundgruben sind um Schemnitz, Kremnitz, Neusohl, Libethen, Königsberg, Hradek, Dobšina u. s. w. Hier ist aber zu bemerken, dass das slovakische Volk weder von den Wäldern, noch vom Bergbau einen anderen Nutzen zieht, als den im Schweisse des Angesichts hart errungenen Lohn. Dort, wo die Gemeinden ihre eigenen Wälder haben, werden verschiedene Holzgeräthschaften verfertigt. Es würde jedoch nicht schaden, sie in dieser Fabricirung vollkommener zu unterrichten und zu unterstützen, damit ihr Gewinn beträchtlicher werde.

18. Handel.

Was den Gross-Handel betrifft, so besteht derselbe in Holz, da die gebirgige Slovakei kaum eine andere Export-Waare besitzt; ausgenommen sind bloss der westliche und südliche Theil, die reich an Wein und Körnerfrüchten sind.

Der Holzhandel selbst jedoch befindet sich nicht in den Händen des slovakischen Volkes, sondern nur die mühevolle Aufarbeitung und Fortschaffung des Holzes, namentlich die Flösserei.

Die Flösserei ist kein lukratives, aber dafür äusserst beschwerliches und gefahrvolles Metier, und nicht selten kommt der Fall vor, dass ein armer Flossmann bei der Arbeit von einem niederstürzenden Baumstamme erschlagen wird, oder in den tückischen Wellen des besonders im Frühjahre tiefen und reissenden Waag- und Granflusses ein provisorisches kühles Grab findet, bis sein Leichnam oft erst nach einigen Tagen an's Ufer gespült und nach vorgenommener Agnoscirung in die Muttererde gebettet wird. Die den Flössern gefährlichsten Felsen sind bei Strečno; sie heissen Margita und Besná. — Die unermesslichen Forste des Hochlandes bieten dem Flösser den zu verarbeitenden Stoff in Hülle und Fülle; er arbeitet jedoch nie auf eigene Faust, sondern gewöhnlich für Rechnung grösserer, meist jüdischer Holzhändler und Unternehmer. Die Baumstämme werden gefällt, per Achse an's Ufer befördert, da zu Flössen verbunden, mit Brettern und Baumaterial beladen, welche dann bis nach Comorn und Gran schwimmen, um zumeist den Hauptstädtern als Brenn- und Baumaterial zu dienen. Die slovakischen Flösser, die ihre „Schiffe" gleich jenen spanischen Helden hinter sich verbrannt, respective dem betreffenden Händler übergeben haben, kehren dann zu Fuss, oder, viel schneller als auf der Hinreise, nämlich per Eisenbahn, in die Heimat zurück.

Wunderbares leistet der slovakische Flösser in der Askese; er ist gegen die Kälte so abgehärtet, dass er im Frühjahre stundenlang im eiskalten Wasser stehen und die Baumstämme behauen oder die Flösse heben kann, ohne sich auch nur einen Schnupfen zu holen.

Am Kleinhandel jedoch gebricht es auch in der gebirgigen Slovakei nicht. Obgleich unsere zu Hause gewebte Hanf- und Flachsleinwand vornehmlich zur Deckung der Blösse unseres Landvolkes und für die Bedürfnisse der Wirthschaft bestimmt ist, so kommt doch auch eine bessere Gattung vom Weberstuhle, die man an die Käufer bringt. Grössere Fabriken — Papier-, Zucker- und Spiritusfabriken ausgenommen — gibt es fast keine. — Es wird jedoch nicht viel fehlen, dass nicht in den Städten und Marktflecken jeder Fünfzehnte ein Kaufmann oder Höckler ist. Der Jude besonders lebt lediglich vom grösseren oder kleineren Handel und von der sogenannten Speculation. Doch gibt es nicht nur hausirende Juden, sondern auch christliche Leinwand-, Karton- und Spitzenkrämer, Safranbauer und Oelträger, Drathbinder und Mäusefallenhändler (die ärmsten in der Slovakei), welche nicht nur im Lande, sondern auch im Auslande, in Deutschland, Polen, Schweden, Russland u. s. w., ja selbst in Amerika hausiren. Neunzehn Dörfer der Kameral-Herrschaft Slovakisch Liptsch sind eben so viele Niederlagen von Spitzen und Strickwaaren.

19. T r a c h t.

So wie es reichere und ärmere, wärmere und kältere Gegenden der Slovakei gibt, so ist auch die Tracht in denselben verschieden. Es versteht sich von selbst, dass hier nicht von der Tracht des Adels und der Bürgerschaft, die eine deutsche ist, sondern von der Tracht der Landleute, der Volkstracht, die Rede sein kann. Die Männer tragen im Sommer meistens nur ein Hemd und weite leinene Beinkleider; wenn sie ausser dem eine Weste anziehen, so ist diese oft färbig; aber bei kühlerem Wetter pflegen sie sich entweder in den weissen Schafpelz oder in einen Filz-Kittel (halena, širica) zu kleiden. Nach den weissen, braunen, grünen und schwarzen, aus grobem Tuche verfertigten Bauerkitteln und den breiteren oder schmäleren Krämpen der Filzhüte kann man gleich jene Gegend errathen, aus der sie stammen. Auch die Frauen erscheinen im Weiss, welches selbst Alltags in den nicht ganz armen Strichen sehr sauber ist[1]). Nur Vor- und Umhängtuch sind färbig. Die traditionelle Kleidermode bei den Frauen ist in verschiedenen Gegenden verschieden, und oft so schön, dass dieselbe auch einer Wiener Modistin zum Muster dienen könnte. Auffallend sind die goldenen oder schwarzseidenen Stickereien an den Oberhemden, die selbst in der Wiener Weltausstellung des Jahres 1873 manches Auge ergötzten. Der Kopf der Frau wird mit

---

[1]) Gerade darum heisst das weibliche Geschlecht bei den Slovaken ein weisses Geschlecht (biele pohlavie).

einer gestickten Haube (kápka, čepec, ketíš) bedeckt, jener des Mädchens bleibt unbedeckt, oder die Haare werden mit einem zwei Finger breiten gestickten Ringe (parta) unterbunden. Der Fuss wird in Bundschuhe (krpce) eingewickelt. — Je reicher aber die Gegend ist, desto mehr kommen die Stiefel in Gebrauch, so wie auch an Sonn- und Feiertagen die färbigen Kleider. Merkwürdig ist, dass dort, wo die slovakische Nationaltracht nicht ausartete, sich auch die weissblau-rothe Nationalfarbe in den Kleidern erhalten hat. Schneeweisses Hemd, rothe Weste und blaue Beinkleider mit blauem kurzem Rock aus Tuch bei den Jünglingen —, schneeweisses gesticktes Hemd, rothes Leibchen und blaue Röcke bei den Mädchen sind ein Festanzug.

In dem Gebirgsland hat jeder ordentliche Slovake einen Ledergurt, ähnlich jenem der Tiroler, doch um vieles breiter und plumper. Alle Sorgfalt und Eitelkeit des Slovaken koncentrirt sich in diesem „Opasok", den er oft mit zahllosen blanken Messingknöpfen und anderen gleissenden Joujous verziert und mit blinkenden Metallschnallen schliesst. Der „Opasok" muss ihm das kurze, kaum bis an die Hüften reichende Hemd zusammenhalten und an den Leib drücken. Ueberdiess bildet der Gürtel sein Necessaire, in dessen weiter Tasche er sein mit einem Feuerstahl versehenes Brodmesser, sein Geld, den ledernen Tabaksbeutel, Zündschwamm, Feuerstein und Pfeife (opekačka) aufbewahrt.

Einigermassen abweichend von der gewöhnlichen Bauerntracht ist die des slovakischen Schafhirten (valach). Sein fettglänzender, breiter Filzhut hat oft ein hohes Lederband, welches mit mehreren dichten Reihen von auf dünne Drähte gezogenen ovalen Porzellankügelchen geziert ist. Sein Hemd ist dunkel, ja beinahe schwarz, weil es absichtlich mit Fett getränkt worden ist, als einem Präservativmittel gegen Ungeziefer; denn hoch in den Alpen, wo der Schäfer den Sommer über verbleibt, kann er nicht oft die Wäsche wechseln. Ein unzertrennliches Appendix des Schäfers ist endlich die grosse Tasche (cedilo), die Hacke (valaška) und der Knüttel (obuch), der oft so schwer ist, dass andere Menschenkinder Mühe hätten, denselben nachzuschleppen.

20. Wohnungen.

Die Wohnungen der Slovaken unterscheiden sich ebenfalls nach dem milderen oder rauheren Klima. In der ebenen Slovakei wohnen die Landleute compakt in den Dörfern, in niedrigen aber niedlichen, mit Kaminen versehenen, aus besserem Material gebauten und von allen Seiten umzäunten Häusern, ja man erblickt manchmal an den Häusern bunte Malereien. Je mehr man sich aber dem Gebirge nähert, desto grösser wird von Meile zu Meile der Unterschied zwischen den Behausungen. Die Häuser werden kleiner; die bunte Malerei schwindet; kleine Fensterchen kommen zum Vorschein; der Kamin fehlt; das Häuschen wird aus Holz gebaut; ohne Thor und Zaun steht es vereinzelt da; und endlich kommt man in Gemeinden von auf dem Gebirg zerstreuten Häusern, deren Bewohner kaum an Sonn- und Feiertagen zusammenkommen.

Hier kann ich jedoch nicht unerwähnt lassen, dass eine Bereisung selbst der gebirgigen Slovakei dem Archäologen die Mühe reichlich belohnt; denn hier wird er alte gothische Kirchen, Altäre, Taufsteine, Glocken u. s. w. so zahlreich als nirgends finden[1]. Auch an Gärten, Parken, Kastellen und Schlössern des in den Dörfern seines Besitzthumes wohnenden hohen Adels fehlt es nicht.

---

[1] In dieser Angelegenheit habe ich im Auftrage des H. H. Bischofs Arnold Ipolyi-Stumer im Jahre 1873 die Neusohler Diöcese bereist, um ein Material zum historischen Diöcesen-Schematismus zu sammeln.

In manchen armen Dörfern sind leider die Wohnungen so eng, überfüllt und unrein, dass in einem anderen civilisirten Staate die Gesundheits-Polizei dieselben kaum dulden würde, da solche der Geistes- und Körperentwicklung höchst schädlich sind, und dem Staate sollte ja an gesunden Kräften gelegen sein.

21. Lebensweise.

Was die Lebensweise der Slovaken betrifft, so hängt dieselbe ebenfalls nicht nur von den Mitteln, sondern auch von der Gegend ab, da verschiedene Lebensmittel nicht überall zu haben sind. Kornbrod, Mehlspeisen, Kartoffeln, Gemüse, Hülsenfrüchte, Mais-, Haiden-, Hirse-Brei, warm, kalt, mit oder ohne Milch[1]), und Kohl bilden die gewöhnlichen Lebensmittel des Volkes. Am Sonn- und Feiertage kommt auch Fleisch auf den Tisch. Wo Schafzucht betrieben wird, sind Käse, Milch und Schaffleisch die häufigsten Lebensmittel. Wein und Bier wird selten getrunken, aber desto häufiger Branntwein. Dieses — ich sage es offen — verfluchte Gift ist der schädlichste Krebs am slovakischen Volke. Je ärmer die Gegend, desto mehr Trunkenbolde. Es gibt mehr Dörfer ohne Kirche und Schule, als ohne Branntweinbrennerei. Der hohe Adel ist im Besitze der Regalien, und, nachdem er dem Juden die schmutzige Schänkstube in Pacht gegeben, bereichert er sich mit den letzten Kreuzern, die der verarmte Slovak in jüdische Hände bringt. Man arbeitete an der Einführung der Mässigkeits-Vereine, aber diese fanden dort die

---

[1]) Der Brei ist eine uralte Nationalspeise: daher kommt das slovakische Sprichwort, und zwar vom warmen Brei: „Kaša mať naša“; vom kalten aber: „a Slovákom kaša s mliekom.“

heftigsten Gegner, wo sie auf Unterstützung rechneten. Der arme, von den „Schwarzröcklern" verachtete Slovak freut sich, wenn der Jude ihm nicht nur ein lächelndes Gesicht zuwendet, sondern auch auf Credit einschänkt; aber wie ist er dann überrascht, wenn endlich der Jude mit ernsten Gesichtszügen ihm anzeigt, dass sein Vermögen schon auf der „schwarzen Tafel" sei. — Um das arme slovakische Volk des Trenchiner Comitates dem Bettelstabe zu entreissen, hat man endlich einen Mässigkeits-Verein ins Leben gerufen, und zwar mit solchem Erfolge, dass derselbe im Laufe eines Jahres schon über 30.000 Mitglieder zählte. Um das Volk in diesem heiligen Vorhaben noch mehr zu stärken, wurden die PP. Redemptoristen zur Abhaltung von Volks-Missionen eingeladen. Dies hat die Branntweinbrennereien noch mehr mit Ruin bedroht. Die ungarische Regierung, wahrscheinlich auf falsche Denunciationen hin (die in Ungarn zu Hause sind) und über das Anwehgeschrei der Pächter und Regalisten. verbot die Abhaltung der genannten Volks-Missionen.

Wo der Mässigkeits-Verein die Schänkstuben noch nicht purificirte, dort sitzen, jedoch nur die Verheiratheten, selten die Jugend, in der Branntwein-Räuber-Höhle. — Die Unterhaltungen der Jugend sind von edlerer Art. Wo es keine Bauern- oder Zigeunermusikanten gibt, dort tanzt die Jugend bei den Tönen des Dudelsackpfeifers, oder kürzt sich die Weile im Freien mit besonderen Nationalspielen und Liedern. Es gibt kaum eine Nation. in welcher so viel Natur-Poesie zu finden wäre, als bei den Slovaken. Im Winter kommen die Spinnerinnen zusammen und hören lautlos den abwechselnd vorgetragenen mythischen Erzählungen zu. Im Sommer hört man von allen Seiten her den Duett-Gesang der slovakischen Mädchen. Mit Gesang begleiten sie das Brautpaar zur und von der Trauung; mit Gesang ziehen sie nach vollendeter Feldarbeit nach Hause; aber imposant ist der

Zug der Schnitterinnen, wenn sie nach dem vollendeten Schnitte einer Fahne (weisses Tüchel an einer Stange) und einem Weizenkranz an der Spitze ins Haus des betreffenden Grundbesitzers mit stürmischem Gesange ziehen, wo sie das Schnitter-Fest (obžinky) erwartet. Die Lieder sind Liebeslieder, aber auch die Natur, Geschichte und den Gegenstand des Festes (Johannis-Feuer, Begrüssung des Frühjahres u. s. w.) besingend. Die Melodien sind meistens C moll, griechischen Systemes und oft so künstlich, dass mancher Componist die angenehmsten Melodien dem slovakischen Mädchen ablauschte [1]). Welchen Eindruck die slovakischen Lieder hervorbringen, kann man daraus ersehen, dass selbst die Deutschen des Thurozer Comitates sie singen, ohne oft ihren Inhalt zu verstehen. — Die Uebertretung des VI. Gebotes ist, besonders bei den Jünglingen, so lange dieselben im väterlichen Hause bleiben, eine Seltenheit; und wenn es einem Mädchen passirt, so hat dasselbe den ungesetzlichen Segen aus der Stadt mitgebracht, wo es im Dienste stand. — Heiraths-Contracte werden meistens zwischen den Eltern des Brautpaares geschlossen, und der Jüngling oder das Mädchen unterwirft sich dem väterlichen Willen, und heirathet oft Jene, auf die er vielleicht nie gedacht. Wehe dem nicht wohlverhaltenen Mädchen, wenn es sich erfrecht mit blossen Haaren und grünem Kranz zur Trauung zu kommen. Von allen Seiten fliegen ihr Strohkränze zu. Das Brautpaar wird mit Gesang und Musik zur Kirche begleitet, wobei der „Tischmeister" mit Kuchen und Flasche alle bedient, die dem Zuge entgegen kommen. Die Hochzeit dauert bei den Bemittelten oft auch mehrere Tage, wobei es an Versen bei jeder

---

[1]) Die „Matica Slovenská" sammelt die Lieder, Erzählungen, Spiele u. s. w. Von diesem Werke erschien der I. Band im J. 1870; der II. im J. 1874. Die meisten Lieder sind mit Noten versehen. — Siehe die Hefte 36, 37 und 38 der „Nation" 1874.

Speise und an Liedern nicht fehlt [1]); und die heiteren Gäste denken sich:

> „da lass' dich nieder;
> denn böse Leute haben keine Lieder."

Besonders idyllisch ist das Leben der Schafhirten. Noch ehe die ersten Veilchen spriessen, übernimmt der Oberhirt (bača) die Schafe des Grundherrn oder der Gemeinde, treibt sie im Vereine mit seinen Gehilfen (valach) und Treibern (honelník) in's Gebirge, wo ihn, wie in den steierischen und tirolischen Alpen, eine Sennhütte (salaš) erwartet. Die Gehilfen schlagen sich ein Bretterzelt (koliba) auf, da in der Gegend nur so lange verblieben wird, bis die Weide von der Heerde abgegrast ist. Sobald dies geschehen, wird das Zelt abgebrochen, und die Schäfer ziehen in eine andere Weidegegend; was sich im Laufe des Sommers einigemale wiederholt. Die wohlriechende, fette Weide macht die Qualität des gewonnenen Käses zu einer vorzüglichen, und der Name, „Liptauer, Briesner, Klenocer" hat auch im Auslande einen sehr guten Klang.

Auf die Gefahr hin, vielen Feinschmeckern die bisher genährte Illusion zu stören, soll hier der Versicherung Raum gegeben werden, dass nicht Alles Gold, was glänzt, und ebensowenig Alles „Liptauer, Briesner und Klenócer" ist, was dafür ausgegeben wird. Ein Blick auf das verhältnissmässig kleine Territorium der gebirgigen Slovakei lehrt, dass es unmöglich wäre, von dort die ungeheueren Quantitäten zu exportiren, die in so vieler Herren Länder unter der Benennung „Liptauer, Briesner, Klenócer" veräussert und consumirt werden.

---

[1]) Diese und andere Gebräuche kommen in dem in der vorangehenden Nota angegebenen Werke vor. — Gebräuche der Slovaken wurden auch durch Božena Němcová beschrieben und theils im „Časopis musoa královstvi Českého", theils in besonderen 'Druckschriften herausgegeben.

Wie sich wohl der arme Schäfer die ganze, lange Sommerszeit so mutterseelenallein in den Bergen vertreiben mag? Viel besser, als mancher reiche Städter. Die Hauptpassion des Schäfers ist, der edlen Musika zu huldigen. Seiner einfach konstruirten Schalmei entlockt er je nach seiner Gemüthsstimmung elegische oder lustige Weisen. Zur Abwechslung holt er auch den sorgsam gepflegten Dudelsack (gaydy, dudy) hervor. Auch praktisch weiss der Schäfer seine freie Zeit zu verwerthen, indem er aus Holz ovale Formen schnitzt, in welche der frische Käse gepresst wird, welcher später unter der Benennung „Oštiepok“ oder „Sušenička“ einen gesuchten Handelsartikel bildet. Auf dieselbe Weise werden auch „käserne“ Enten, Hühner, Rollen, Ketten u. s. w. erzeugt.